CATALOGUE
DES VOLUMES
D'ESTAMPES,

DONT LES PLANCHES
font à la Bibliothèque du Roy.

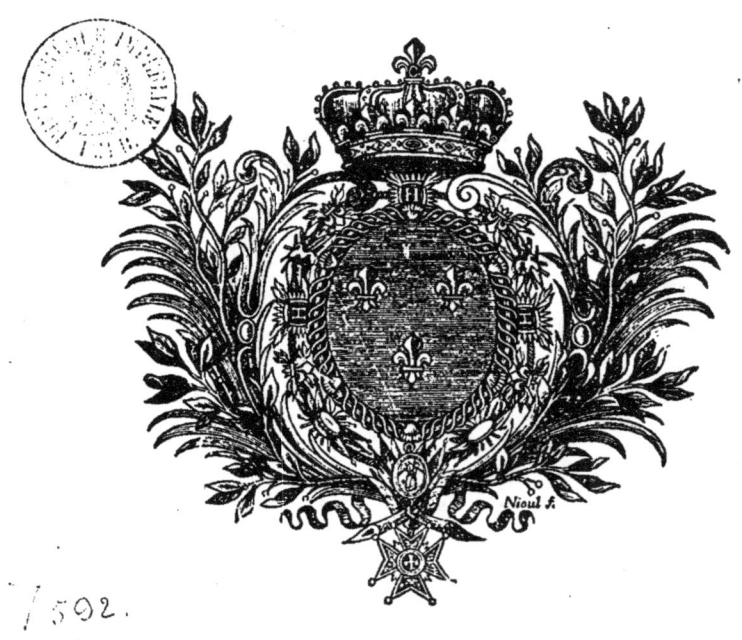

A PARIS,
DE L'IMPRIMERIE ROYALE.
─────────────
M. DCCXLIII.

CATALOGUE
D'ESTAMPES
Dont les Planches font à la Bibliothèque du Roy.

TABLEAUX DU ROY,

Repréfentant fept fujets de l'Ancien Teftament, vingt-deux du Nouveau, cinq de la Fable, un de l'Hiftoire Profane, & trois allégoriques.

PREMIER VOLUME.

SAINT MICHEL, de Raphael d'Urbin, *gravé par Gilles Rouffelet.*

Le Déluge, d'Alexandre Véronèfe, *par Edelinck.*

Rébecca,
Moyfe fauvé, } du Pouffin, *par G. Rouffelet.*

La Manne, du Pouffin, *par G. Chateau.*

L'Arche du Seigneur dans le Temple de Dagon, du Pouffin, *par Picart le Romain.*

David, du Dominiquain, *par Rouffelet.*

La S.te Famille, de Raphael, *par G. Edelinck.*

La S.te Famille, du vieux Palme,
Jefus dormant, du Carrache, } *par Picart le Romain.*

A

Les Aveugles de Jérico, du Poussin, *par G. Chateau.*
Le Denier de César, du Valentin, *par Estienne Baudet.*
La Transfiguration, de Raphael d'Urbin, 2. planches, *par Simon Thomassin.*
Jesus-Christ descendu de la Croix, &c. du Titien, *par Rousselet.*
Jesus-Christ & les Disciples d'Emmaüs, du Titien, *par Ant. Masson.*
Martyre de St Estienne, du Carrache, *par Chateau.*
Martyre de St Estienne, du Carrache, *par Baudet.*
Séparation de St Pierre & de St Paul, de Lanfranc, *par Picart le Romain.*
St Paul au troisième Ciel, du Poussin, } *par Chateau.*
L'Assomption de la Ste Vierge, du Carrache, }
St Matthieu, }
St Marc, } du Valentin, *par Rousselet.*
St Luc, }
St Jean, }
Ste Catherine, d'Alexandre Véronèse, *par G. Scotin.*
Ste Catherine, du Corrège, } *par Picart le Romain.*
Ste Cécile, du Dominiquain, }
St François, du Guide,
St Antoine de Padoue, de Vandeck,
Hercule tuant l'Hydre, }
Combat d'Hercule & d'Achéloüs, } du Guide, } *par Rousselet.*
Enlèvement de Déjanire, }
Hercule sur le bûcher, }
Énée & Anchise, du Dominiquain, *par G. Audran.*
Pyrrhus à la mamelle, du Poussin, *par G. Chateau.*
La Vertu héroïque, } du Corrège, }
L'Homme sensuel, } } *par Picart le Romain.*
Concert de Musique, du Dominiquain, }

TABLEAUX DU ROY,

Représentant cinq sujets de l'Histoire d'Alexandre le Grand, gravez d'après M. le Brun.

SECOND VOLUME.

Passage du Granique, 3. planches, } par *G. Audran.*
Bataille d'Arbelle, 4. planches,
La famille de Darius, 2. planches, *par Edelinck.*
Défaite de Porus, 4. planches, } par *G. Audran.*
Triomphe d'Alexandre, 2. planches,

MÉDAILLONS ANTIQUES
du Cabinet du Roy.

TROISIÈME VOLUME.

Ces Médaillons, dont la suite commence à Auguste & finit aux enfans de Constantin, sont disposez sur 41. planches, gravées par *de la Boissiere,* & tirées sur autant de demi-feuilles numérotées.

PLANS, ÉLÉVATIONS
ET VÛES
Des Châteaux du Louvre & des Tuileries.

QUATRIÈME VOLUME.

Plan général du Château du Louvre & du Palais des Tuileries, 2. planches, *par Berain.*
Représentation des Machines qui ont servi à élever les deux grandes

Pierres qui couvrent le Fronton de la principale entrée du Louvre, grav. en *1677.* par *S. le Clerc.*

Face principale du Louvre,
Plan & élévation de la façade du Louvre, du côté qui regarde la Rivière,
Plan & élévation du côté du Louvre, vers la Rivière, vû de la Cour à gauche,
} *par* J. *Marot.*

Plan général du Palais des Tuileries, 2. planches,
Vûe du Palais des Tuileries, du côté de l'entrée, avec le plan du premier étage, 2. planches,
Vûe du Palais des Tuileries, du côté du Jardin, 2. planches,
Plan du Jardin du Palais des Tuileries,
Vûe du Palais & des Jardins des Tuileries,
Vûe des Jardins du Palais des Tuileries, du côté du Cours-la-Reine,
} *par Israel Sylvestre.*

Ornemens de Peinture & de Sculpture qui sont dans la Galerie d'Apollon au Château du Louvre, & dans le grand Appartement du Roy au Palais des Tuileries.

Frontispice, N.° 1. *par* J. B. *Scotin.*

Trumeaux & Plafonds dess. *& grav. par* J. Berain.

Grands Trumeaux de la Galerie d'Apollon, N.° 2. & 3.
Petits Trumeaux, N.° 4. 5. & 6.
Plafonds de ladite Galerie, N.° 7. 8. 9. 10. 11. & 12.

Portes & Dessus de Portes, par F. Chauveau.

Portes, dans le grand Appartement des Tuileries, N.° 13. 14. 15. 16. 17. 18. 19. 20. & 21.
Dessus de Portes dudit Appartement, N.° 22. 23. 24. & 25.

Lambris, par le Moine.

Lambris dudit Appartement, N.° 26. 27. 28. & 29.

PLANS,

PLANS, ÉLÉVATIONS
ET VÛES
Du Château de Versailles.
CINQUIÈME VOLUME.

PLAN du Château de Versailles, sans titre, *levé & gravé par F. de la Pointe.*

Autre Plan du Château de Versailles.

Plan du Château de Versailles, avec tous ses Appartemens,

Vûe & perspective du Château de Versailles, du côté de l'entrée,

Vûe & perspective du Château de Versailles, de dedans l'Anti-cour,

Vûe & perspective du Château de Versailles, du côté de l'Orangerie,

Plan de la Maison Royale de Versailles,

Château Royal de Versailles, vû du milieu de la grande Avenue,

Château Royal de Versailles, vû de l'Avant-Cour, en 1674.

Château de Versailles, vû de l'Avant-Cour, en 1682.

Vûe du Château de Versailles, du côté du Jardin,

Vûe du Château, des Jardins & de la Ville de Versailles, du côté de l'Etang,

Vûe du Château de Versailles, du côté de l'Allée d'Eau,

Plan général du Château & du petit Parc de Versailles,

Vûe du Château de Versailles & des deux aîles, du côté des Jardins,

Château de Versailles, vû de la grande Place,

} *par I. Sylvestre.*

Elévation de la face de l'Orangerie de Versailles, 2. planches, *sur les desseins de Jules Hardouin Mansart, par J. B. Nolin.*

B

Élévation d'une des Faces des côtés des Écuries du Roy, sur les Avenues de Versailles, 2. planches, *d'après le dessein de M. Mansart, par P. le Pautre.*

{ Le grand Escalier de Versailles, 7. planches, y compris le *Titre*, *d'après M. le Brun, par Estienne Baudet.*
L'Asie.
L'Europe.
L'Afrique.
L'Amérique.
Le milieu, où l'on voit un Globe chargé de trois Fleurs de lys.
Le Trépied d'Apollon.

Tableaux de la voûte de la Gallerie du petit Appartement du Roy, 3. planches, d'après P. Mignard, par G. Audran.

Apollon qui distribue des récompenses aux Sciences & aux Arts, &c.
La Prévoyance & le Secret, avec leurs symboles.
La Vigilance, avec ses symboles, &c.

GROTTE, LABYRINTHE,
FONTAINES ET BASSINS
De Versailles.

SIXIÈME VOLUME.

GROTTE.

Plan de la Grotte de Versailles, N.° 1.
Vûe de la face extérieure, N.° 2.
Le Soleil qui se couche, N.° 3.
Troupe de Tritons, &c. N.° 4.   } *d'après G. Vanopstal,* } *par le Pautre.*
Petits Amours qui se jouent, N.° 5. & 6.
Vûe du fond de la Grotte, N.° 7.

Piliers ornez de coquillages, N.º 8. & 9.
Demi-pilier orné de même, N.º 10.
Piliers ornez de coquillages, N.º 11. & 12.
Demi-pilier orné de même, N.º 13.
} *par le Pautre.*

Chandelier de coquillages, N.º 14.
Masques de coquillages, N.º 15.
} *par F. Chauveau.*

Le Soleil descend chez Thétis, N.º 16. *par J. Edelinck.*
Groupe de deux Chevaux du Soleil, N.º 17. *par Picart le Romain.*
Groupe de deux Chevaux du Soleil, N.º 18. *par Estienne Baudet.*
Statue d'Acis, N.º 19.
Statue de Galatée, N.º 20.
} *de Baptiste Tubi, par J. Edelinck.*

LABYRINTHE

gravé en 41. planches, par Sébastien le Clerc.

Première demi-feuille du Labyrinthe, contenant depuis le N.º 1. jusques & compris N.º 9.
Seconde demi-feuille, N.º 10. jusques & compris N.º 18.
Troisième demi-feuille, N.º 19. jusques & compris N.º 27.
Quatrième demi-feuille, N.º 28. jusques & compris N.º 36.
Cinquième demi-feuille, N.º 37. jusques & compris N.º 41.

FONTAINES.

Encelade, poussant un Jet d'eau,
Latone entre Apollon & Diane,
} *d'après Gaspard de Marcy.* } *par le Pautre.*
Fontaine de Flore,

Marais artificiel,
Vûe des trois Fontaines,
Fontaine de la Renommée,
} *par Israel Sylvestre.*

Fontaine d'Apollon, *par L. Châtillon,*

Fontaine des Bains d'Apollon, *dessinée par J. Cottel,*
Vûe principale du Théatre d'eau, *peint par le même.*
} *par L. Simonneau.*

Le Théatre d'eau, *par Israel Sylvestre.*

Enfant, Génie de la puissance Royale, *d'après P. le Gros, de Chartres, par le Pautre.*

Génie de la Valeur, *d'après Martin des Jardins, de Breda,*

Génie des Richesses, *d'après Benoît Masson, de Richelieu,*

Un Amour, poussant des Flèches d'eau, *d'après Gaspard de Marcy, de Cambray,*

Deux Amours, avec un Griffon qui fait un Jet d'eau, *d'après Benoît Masson,*

Deux Amours, avec un Cygne, *d'après Baptiste Tubi, Romain,* } *par le Pautre.*

Deux Amours, avec une E'crevisse, *d'après J. Housseau, de Bar-sur-Aube,*

Deux Amours, tenant une Lyre, *d'après P. le Gros, de Chartres,*

Un Amour, tirant une Flèche d'eau, *d'après L. Lerambert, de Paris,*

Vénus élevée sur un Bassin,

La Fontaine de la Syrène, *d'après Gaspard & Balthasar de Marcy,*

BASSINS

Gravez par le Pautre, *7. planches,*

SÇAVOIR,

Trois de 10 pieds en quarré, chacun d'une seule pierre, dont un *d'après L. Lerambert,* & deux *d'après P. le Gros.*

Quatre autres de 10. pieds de diamètre, chacun d'une seule pierre, dont un *d'après Éstienne le Hongre, de Paris ;* deux *d'après L. Lerambert,* & un autre *d'après P. le Gros.*

STATUES

STATUES DU ROY,
Antiques & Modernes.
SEPTIÈME VOLUME.

Statues gravées par G. & J. Edelinck.

LATONE entre ses deux enfans, *d'après Balthasar de Marcy.*
Diane, *d'après Martin des Jardins.*
Vénus, *d'après Gaspard de Marcy.*
L'Air, *d'après Estienne le Hongre.*
La Terre, *d'après Benoît Masson.*
Le Printems, *d'après Laurent Magnier, de Paris.*
L'Eté, *d'après P. Hutinot, de Paris.*
L'Automne, *d'après Thomas Regnaudin, de Moulins.*
L'Hiver, *d'après François Girardon, de Troyes.*
Une Fille, en habit de Bergère, *d'après P. Granier, de Montpellier.*

Statues gravées par G. Audran.

Le point du Jour, *d'après Gaspard de Marcy.*
Ravissement de Proserpine, *d'après François Girardon.*
L'Afrique, *d'après Gaspard de Marcy.*

Statues gravées par le Pautre.

Un Satyre, avec un autre plus petit,
Un autre Satyre,
Satyre, tenant une grappe de Raisin,
Nymphe, tenant une couronne de chêne, } *d'après Ph. Buyster, d'Anvers.*

Un Faune,
Une Joueuse de Tambour, } *d'après L. Lerambert.*

Statues gravées par F. Chauveau.

Une Joueuse de Tambour, *d'après Ph. Buyster.*
Une Danseuse, *d'après L. Lerambert.*

C

Statues gravées par Mellan.

Mercure.
Bacchus.
Vénus.
Cérès.
Diane.
Flore.
La Muse Thalie.
Un Faune, jouant des Cymbales.
Un autre Faune, tenant un Chalumeau.
Un jeune Homme.
Un Gladiateur.
Figure antique.
Jeune Chasseresse.
Porcie, femme de Brutus.
Agrippine, sortant du Bain.

Statues gravées par Baudet.

Minerve.
Pallas.
Silène.
Bacchus, couronné de Pampres.
Autre Bacchus, tenant des Raisins.
Deux Nymphes Hespérides.
Sénateur Romain, sortant du Bain.
Autre Sénateur Romain.
Jeune Homme, qui se tire une épine du pied.
Autre jeune Homme.
Une Femme, sur un Piedestal quarré.
Une autre Femme, sur un Piedestal rond.

TERMES, BUSTES,
Sphinx & Vases du Roy.

HUITIÈME VOLUME.

Termes gravez d'après Louis Lerambert, par le Pautre.

Jupiter & Junon.
Apollon & Daphné.
Mercure & Minerve.
Vénus & Adonis.
Diane & Endymion.
Bacchus & Ariadne.
Comus & Pan.
Hercule & Omphale.
Persée & Andromède.

Bustes antiques gravez par Mellan.

Une Impératrice.
Un Sénateur Romain.
Une Dame Romaine.

Bustes antiques gravez par Baudet.

Le Dieu Mars.
Minerve.
Cérès.
Un Faune.
Alexandre le Grand.
Aristote.
Socrate.
Isocrate.
Dame Grecque.

Un Conful Romain.
Jeune Cléopatre.
Autre jeune Cléopatre, femme de Juba.
Marcella, femme d'Agrippa.
Livia, femme de Drufus fils de Tibère.
Lucius Céfar, fils d'Agrippa & de Julie.
L'Empereur Trajan.
L'Empereur Hadrien.
Dame Romaine, du temps d'Hadrien.
Annius Verus, fils de Marc Aurèle.
L'Empereur Septime Sévère.
Autre Bufte de l'Empereur Septime Sévère.
Julia Domna, femme de l'Empereur Septime Sévère.
Le jeune Geta.
Geta, frère de Caracalle.
Clodius Albinus.
Dame Romaine, du temps d'Alexandre Sévère.
Julia Sœmias, mère d'Eliogabale.
Bufte antique de Bronze.
Autre Bufte antique de Marbre, *gravé en 1678.*
Deux autres, *gravez en 1681.*

Sphinx gravez par le Pautre.

Deux Sphinx, *d'après L. Lerambert.*

Vafes gravez par le Pautre.

Six Vafes de Bronze, chacun de 2. pieds 6. pouces de haut, dont un *d'après Anguier,* & 5. *d'après Cl. Ballin.*

TAPISSERIES

TAPISSERIES DU ROY,

Gravées d'après M. le Brun, par Sébaſtien le Clerc.

NEUVIÈME VOLUME.

Frontispice commun aux quatre E'lémens \
& aux quatre Saiſons de l'année, } *inventez par J. Bailly.* \
Frontiſpice particulier aux quatre E'lémens,

L'E'lément du Feu.\
L'E'lément de l'Air.\
L'E'lément de la Terre.\
L'E'lément de l'Eau.

Frontiſpice particulier aux Deviſes des quatre E'lémens.\
Première Deviſe de l'E'lément du Feu; un Encensoir.\
Seconde Deviſe; une Fusée volante.\
Troiſième Deviſe; un Phare.\
Quatrième Deviſe; un Chesne frappé du Foudre.

Première Deviſe de l'E'lément de l'Air; un Arc-en-ciel.\
Seconde Deviſe; l'Oiseau de Paradis.\
Troiſième Deviſe; un Essaim d'Abeilles.\
Quatrième Deviſe; un Aigle tenant un Foudre.

Première Deviſe de l'E'lément de la Terre; un Tournesol.\
Seconde Deviſe; un Sapin.\
Troiſième Deviſe; une Houlette.\
Quatrième Deviſe; un Lion qui se repose.

Première Deviſe de l'E'lément de l'Eau; une Mer.\
Seconde Deviſe; un Jet d'eau.\
Troiſième Deviſe; un grand Fleuve.\
Quatrième Deviſe; un Dauphin.

Frontiſpice particulier aux quatre Saiſons de l'année, *inventé par* J. Bailly.\
La Saiſon du Printems.

D

La Saison de l'E'té.

La Saison de l'Automne.

La Saison de l'Hiver.

Première Devise de la Saison du Printems ; DES FLEURS DANS UN PARTERRE.

Seconde Devise ; UNE HIRONDELLE.

Troisième Devise ; UNE LANCE.

Quatrième Devise ; UN ROSIER.

Première Devise de la Saison de l'E'té ; UNE GERBE DE BLED.

Seconde Devise ; UN LIS.

Troisième Devise ; UNE E'QUERRE.

Quatrième Devise ; UN ALCYON BASTISSANT SON NID SUR LA MER.

Première Devise de la Saison de l'Automne ; UNE GRENADE.

Seconde Devise ; UNE VIGNE DE VIRGINIE.

Troisième Devise ; UN COR DE CHASSE.

Quatrième Devise ; UN FAUCON FONDANT SUR SA PROIE.

Première Devise de la Saison de l'Hiver ; LA FLEUR PERCE-NEIGE.

Seconde Devise ; UN FOYER.

Troisième Devise ; UN AMPHITHÉATRE.

Quatrième Devise ; UNE MACHINE.

Renouvellement d'Alliance avec les Suisses, le 18. Novemb. 1663.

Siège de Tournay,
Siège de Douay, } en 1667.
Défaite de l'Armée Espagnole,

CARROUSEL.

Courses de Têtes & de Bagues.

DIXIÈME VOLUME.

FRONTISPICE *gravé par G. Rousselet*, représentant le Buste de Louis XIV. au devant de la Place du Carrousel, avec ce titre sur le Piedestal: *FESTIVA AD CAPITA ANNULUMQUE DECURSIO, PRINCIPIBUS SUMMISQUE AULÆ PROCERIBUS.* Edita anno 1662. *Paris. è Typograph. Reg. 1670.*

Marche des Maréchaux de Camp & des cinq Quadrilles, depuis la grande Place qui étoit derrière l'Hôtel de Vendôme, jusqu'à l'entrée de l'Amphithéatre, 8. planches.

La première est un Cartouche, avec ces mots: *PRÆFECTORUM CASTRORUM,* &c.

La seconde est le commencement de la Marche, depuis le N.° 1. jusqu'au N.° 37.

La troisième est la suite, depuis le N.° 38. jusqu'au N.° 56.

La quatrième, depuis le N.° 57. jusqu'au N.° 65.

La cinquième, depuis le N.° 66. jusqu'au N.° 78.

La sixième, depuis le N.° 79. jusqu'au N.° 91.

La septième, depuis le N.° 92. jusqu'au N.° 104.

La huitième est la fin de cette Marche, depuis le N.° 105. jusqu'au N.° 119.

Habillemens en détail.

Le Maréchal de Gramont, Maréchal de Camp général, *SUMMUS CASTRORUM PRÆFECTUS GRAMONTIUS.*

ROMAINS. 1.re *Quadrille.*

Deux Timbaliers Romains, *gravez par F. Chauveau,* avec ces mots: *TYMPANOTRIBÆ ROMANI.*

Deux Trompettes Romains, *Romani Tubicines.*

Trois Licteurs avec leurs Faisceaux, *Lictores Romani.*

Cheval de main, conduit par deux Palfreniers habillez à la Romaine, *Equus ductitius, Hippocomi Romani.*

Deux Pages, *Ephebi Romani.*

Un Aide de Camp, *Romanus Castrorum Subpræfectus.*

Un Maréchal de Camp, *Romanus Castrorum Præfectus.*

Le Roy, en Empereur Romain, entre quatre Chevaliers, avec ce mot, *Rex.*

Onze Devises pour la Quadrille des Romains : La première, qui est celle du Roy, est un Soleil, avec ces mots : *Ut vidi, vici;* & la onzième, qui est celle du Comte de Duras, a ces mots pour ame : *De tuoi sguardi mio ardore.*

PERSANS. 2.ᵉ *Quadrille.*

Timbalier & Trompette Persans, avec ces mots : *Tympanistes et Tubicen Persæ.*

Deux Estafiers & deux Palfreniers Persans, *Stipatores, Equus ductitius, Agasones Persæ.*

E'cuyer & Page Persans, *Armiger et Ephebus Persæ.*

Maréchal de Camp Persan, *Castrorum Præfectus Persa.*

Monsieur, Empereur des Perses, *Dux Aurelianensis, Persarum Rex.*

Onze Devises pour la Quadrille des Persans : La première, *Uno Sole minor,* est celle de Monsieur; & la dernière, qui est celle du Comte d'Illiers, a pour ame : *Poco duri pur che minatzi.*

TURCS. 3.ᵉ *Quadrille.*

Timbalier & Trompette Turcs, avec ces mots : *Tympani Pulsator, Tubicenque Turcæ.*

Deux Estafiers & Palfreniers Turcs, *Stipatores, Equus ductitius, Equisones Turcæ.*

E'cuyer & Page Turcs, *Armiger et Ephebus Turcæ.*

Maréchal de Camp Turc, *Castrorum Præfectus Turca.*

Le Prince

Le Prince de Condé, Empereur des Turcs, *CONDÆUS PRINCEPS, TURCARUM IMPERATOR.*

Onze Devises pour la Quadrille des Turcs : La première, *CRESCIT UT ASPICITUR*, est celle du Prince de Condé; & la dernière, qui est celle du Duc de Luxembourg, a ces mots pour ame : *MAGNA MAJOR FAMA.*

INDIENS. 4.e Quadrille.

Timbalier & Trompette Indiens, avec ces mots : *TYMPANISTES ET TUBICEN INDI.*

Deux Estafiers & Palfreniers Indiens, *STIPATORES, DUCTUS AD POMPAM EQUUS, HIPPOCOMI INDI.*

Ecuyer & Page Indiens, *ARMIGER ET EPHEBUS INDI.*

Maréchal de Camp Indien, *CASTRORUM PRÆFECTUS INDUS.*

Le Duc d'Anguien, Roy des Indes, *ANGUIENUS DUX, INDORUM REX.*

Onze Devises pour la Quadrille des Indiens : La première, qui est celle du Duc d'Enguien, a pour ame ces mots : *MAGNO DE LUMINE LUMEN;* & la dernière, qui est celle du Marquis de Ouailly, a ceux-ci : *RESPICE, FOVEBO.*

AMÉRICAINS. 5.e Quadrille.

Timbalier & Trompette Américains, avec ces mots : *TYMPANISTES, TUBICEN AMERICANI.*

Deux Maures portant des Singes & menant des Ours, *MAURI SIMIOS PORTANTES, URSOS DUCENTES.*

Deux Estafiers & Palfreniers Américains, *STIPATORES, EQUUS DUCTITIUS, AGASONES AMERICANI.*

Ecuyer & Page Américains, *ARMIGER, EPHEBUS AMERICANI.*

Maréchal de Camp Américain, *CASTRORUM PRÆFECTUS AMERICANUS.*

Le Duc de Guise, Roy des Américains, *AMERICANORUM REX, GUISIUS.*

Onze Devises pour la Quadrille des Américains, dont la première, *ALTIORA PRÆSUMO*, est celle du Duc de Guise ; & la dernière, qui est celle du Marquis de Beuvron, a ces mots pour ame : *ÆQUABO, SI FAVEAS.*

Comparfe des cinq Quadrilles dans l'Amphithéatre, *QUINQUE TURMARUM IN AMPHITHEATRO POMPA EXHIBITA.*

Courfe de Tête dans l'Amphithéatre, *DECURSIO AD CAPITA.*

Courfe de Bague, *DECURSIO AD ANNULUM.*

FESTES DE VERSAILLES.
ONZIÈME VOLUME.

FRONTISPICE repréfentant la vûe du Château de Verfailles, avec ce titre au bas : *LES PLAISIRS DE L'ISLE ENCHANTÉE*, ou les Fêtes & Divertiffemens du Roy à Verfailles, divifez en trois Journées, & commencez le 7. Mai 1664. N.° 1.

Première journée, Marche du Roy & de fes Chevaliers, &c. N.° 2.

Comparfe du Roy & de fes Chevaliers, &c. N.° 3.

Courfe de Bague, &c. N.° 4.

Comparfe des quatre Saifons, N.° 5.

Feftin du Roy & des Reines, &c. N.° 6.

Seconde journée, Théatre fur lequel la Comédie & le Ballet de la Princeffe d'Elide furent repréfentez, N.° 7.

Troifième journée, Théatre dreffé au milieu du grand E'tang, repréfentant l'Ifle d'Alcine, &c. N.° 8.

Rupture du Palais, &c. N.° 9.

} *par I. Sylveftre.*

Fête, du 18. Juillet 1668.

Colation dans le petit Parc, N.° I.

Les Fêtes de l'Amour & de Bacchus, N.° II.

Feftin dans le petit Parc, N.° III.

La Salle du Bal, N.° IV.

Illuminations du Palais & des Jardins, N.° V.

} *par le Pautre.*

Divertiſſemens donnez par le Roy au retour de la Conquête de la Franche-Comté, en 1674.

Première journée, Alceſte, Tragédie, *par le Pautre.*
Seconde journée, Concert de Muſique, *par F. Chauveau.*
Troiſième journée, le Malade imaginaire,
Quatrième journée, Feſtin dont la table étoit dreſſée autour de la Fontaine, &c.
Cinquième journée, Feu d'artifice,
Sixième journée, Illuminations,
} *par le Pautre.*

PLANS, ÉLÉVATIONS,
VÛES, COUPES ET PROFILS
De l'Hôtel Royal des Invalides.
DOUZIÈME VOLUME.

Départ du Roy, qui ordonne l'exécution du Plan de l'Hôtel Royal des Invalides.

Plan général des fondations, &c.
Plan général du raiz de chauſſée, &c.
Plan du premier étage, &c.
Plan du ſecond, &c.
Plan du troiſième, &c.
Plan du quatrième, &c.
} *par J. Marot.*

Vûe & perſpective de l'élévation générale, &c. 2. planches, *par J. le Pautre.*

Plan général & géométral, fait à vûe d'oiſeau, de tous les bâtimens, &c.
Vûe en perſpective de l'élévation générale du côté de la campagne,
} *par J. Marot.*

Vûe en perſpective de l'élévation générale du côté de la rivière, *par P. le Pautre.*

E'lévation de la principale entrée, &c.
E'lévation de la façade du derrière, &c.
E'lévation d'une face, prise du côté de Paris,
Profil & élévation de la coupe générale dudit Hôtel & de ses deux E'glises,
Profil & élévation d'une autre coupe qui fait voir les faces des petites Cours en dedans, & les Infirmeries, &c.
Profil & élévation d'une autre coupe qui fait voir les faces des petites Cours en dedans, du côté des Réfectoires, &c.
Profil & élévation d'une autre coupe depuis la face du côté de Paris, jusqu'à celle du côté de S.t Cloud, qui fait voir la face du fond de la Cour Royale en dedans, &c.
Profil & élévation d'une autre coupe depuis le côté de Paris jusqu'à celui de S.t Cloud, où l'on voit la face de la grande Cour Royale en dedans, du côté de la principale entrée, &c.
} *par J. Marot.*

Coupe ou vûe intérieure & perspective de la magnifique E'glise, &c.
Plan général de la même E'glise, &c.
} *Dess. par F. S. de la Monce, & grav. par G. Scotin.*

Plan & élévation en perspective d'un des quatre Réfectoires, &c. *par J. le Pautre.*

PLANS, PROFILS,
ELÉVATIONS ET VÛES
De différentes Maisons Royales.

TREIZIÈME VOLUME.

Plan général du Palais Royal,
Vûe du Palais Royal,
} *par la Boissiere.*

Plan général du Château & petit Parc de Vincennes, *par Israel Sylvestre.*

Dessein du Portail de Vincennes, &c. *d'après le Vau, par J. Marot.*

Vûe

Vûe & perspective du Château de Vincennes, *par P. Brissart.*
Plan du Château de Madrid, &c. } *par J. Marot.*
E'lévation du Château de Madrid,
Plan général des Châteaux de Saint-Germain en Laye.
Plan du Château neuf de Saint-Germain en Laye,
Vûe du Château neuf de Saint-Germain en Laye, } *par Israel Sylvestre.*
Plan général du Château de Fontainebleau, & des environs,
Plan du Château de Fontainebleau, au raiz de chaussée, } *par Dorbay.*
Vûe de la Cour du Cheval-blanc de Fontainebleau,
Vûe du Château de Fontainebleau, du côté du Jardin, 2. planches,
Vûe du Château de Fontainebleau, du côté des Jardins,
Vûe de l'E'tang de Fontainebleau,
Vûe du Château de Fontainebleau, du côté de l'Orangerie,
Vûe du Château de Fontainebleau, du côté du grand Canal, } *par Israel Sylvestre.*
Plan relevé du Château, Jardin & Parc de Monceaux,
Vûe du Château de Monceaux,
Vûe du Château de Monceaux, du côté du Parc,
Vûe du Château de Chambor, du côté de l'entrée,
Vûe du Château de Chambor, du côté du Parc, 2. planches,
Plan du Château de Blois, *par Dorbay.*
Vûe du Château de Blois, 2. planches, *par Israel Sylvestre.*
Plan du Château de Compiègne, *par Dorbay.*

PROFILS ET VÛES
DE
QUELQUES LIEUX DE REMARQUE,

Avec divers Plans détachez, de Villes, Citadelles & Châteaux.

QUATORZIÈME VOLUME.

LE Dôme de Sceaux, 5. planches, *d'après C. le Brun, par G. Audran.*

Plan de la Place de Vendôme.

Vûe du Collège des Quatre-Nations,
Vûe du Château de Marimont, du côté du Jardin,
Vûe du Château de Jametz,
Profil de la Ville de Metz, du côté de la Porte Mazel, 2. planches,
Vûe & perspective de la Ville & Citadelle de Verdun, 2. planches, } *par Israel Sylvestre.*
Vûe de la Ville & Château de Sedan, 3. planches,
Vûe & perspective de Montmédy, 2. planch.
Profil de la Ville & Citadelle de Stenay en Lorraine, 2. planches,
Profil de la Ville & Forteresse de Marsal, 2. planches,

Plan & profil de la Ville & du Château de Namur,
Autre Plan & profil de la Ville & du Château de Namur, où sont marquez les Ouvrages qui y ont été ajoûtez depuis la prise de cette Place par le Roy en 1692. 3. planches, } *par le Pautre.*
Plan de la Ville de Roses, avec les attaques, en 1693. 3. planches,
Plan & profil de la Ville de Charleroy, 3. planches,

PLANS ET PROFILS,
APPELLEZ COMMUNÉMENT
LES PETITES CONQUESTES,
Servant à l'Histoire de Louis XIV.

QUINZIÈME VOLUME.

Arc de Triomphe de Louis XIV. à la Porte Saint-Antoine, *par S. le Clerc.*
Orsoy, *d'après le dessein de le Clerc,*⎫
Burick, ⎬ *par L. Châtillon.*
Rinberg, ⎭
Réez, *par le Clerc.*
Emmerick.
Le passage du Rhin, *par J. Dolivart.*
Le Fort de Schenck, *par le Clerc.*
Doesbourg, ⎫ *par Châtillon.*
Utrecht, ⎭
Nimègue, *par le Clerc.*
Prise de l'ouvrage à corne de Mastrick, *par Châtillon.*
Mastrick, *par Marot.*
Grey, *par le Clerc.*
Salins, *par Châtillon.*
Besançon, ⎫ *par Marot.*
Dole, ⎭
Sortie de la Garnison de Dole, *par Colin.*
Bataille de Sintzheim, ⎫
Bataille de Séneff, ⎬ *par le Clerc.*
Messine secourue, ⎭
Dinant, ⎫ *par Châtillon.*
Huy, ⎭

Agousta,
Bataille navale près Agousta, } *par le Clerc.*
Bouchain,
Bataille de Palerme,
Aire, *par Châtillon.*
Lescalette, *par le Clerc.*
Valenciennes, *par Dolivart.*
Bataille de Cassel, *en grand*, } *par le Clerc.*
Autre Bataille de Cassel,
Cambray,
Dehors de la Citadelle de Cambray, } *par Châtillon.*
Saint-Omer,
Fribourg,
Gand.
Sortie de la Garnison de Gand, *par Dolivart.*
Ypres, *par Marot.*
Citadelle d'Ypres, *par Châtillon.*

VÛES, MARCHES,
ENTRÉES, PASSAGES,
ET AUTRES SUJETS,

Servant à l'Histoire de Louis XIV.

Gravez d'après Wandermeulen.

SEIZIÈME VOLUME.

Portrait de F. Wandermeulen, *d'après Largillière, par Wanschuppen.*
Passage du Roy sur le Pont-neuf, 3. planches, *par Huchtenburgh.*
Le Roy dans sa calèche, accompagné des Dames, *par Bonnart & Baudoins.*
Le Roy à la chasse du Cerf, avec les Dames, *par Bonnart.*

La Reine

La Reine allant à Fontainebleau,
Vûe du Château de Fontainebleau, du côté du Jardin, 2. planches,
Vûe du Château de Vincennes, du côté du Parc,
Vûe du Château de l'ancien Verſailles,
Vûe du Château de Verſailles, du côté de l'Orangerie,
} *par Baudoins.*

Vûe de Lille, du côté de Fives, 2. planches, *par Baudoins & Van-Huchtenburgh.*

Vûe de Courtray, du côté du vieux Château, 2. planches, *par Baudoins & Scotin.*

Arrivée du Roy devant Douay, *par R. Bonnart.*

Vûe de l'Armée du Roy devant Douay, 2. planches, *par R. Bonnart & Baudoins.*

Vûe de la Ville & Siège d'Oudenarde, 2. planches.

Vûe de Tournay, 2. planches, *par N. Cochin.*

Priſe de Dole en 1668. 2. planch. *par Van-Huchtenburgh & Baudoins.*

Le Rhin paſſé à la nage, en 1672. *par Charles Simonneau.*

Arrivée du Roy devant Maſtrick, 2. planches, *par R. Bonnart.*

VÛES, ENTRÉES,
ET AUTRES SUJETS,
Servant à l'Hiſtoire de Louis XIV.

Gravez d'après Vandermeulen.

DIX-SEPTIÈME VOLUME.

Vûe de la Ville & Château de Dinant, *par N. Bonnart.*
Valenciennes priſe d'aſſaut, *par R. Bonnart.*
Vûe de la Ville & Citadelle de Cambray, *par F. Ertinger.*
Le Roy attaque la Citadelle de Cambray,
L'Armée du Prince d'Orange défaite,
Saint-Omer, vû du côté du Fort de Bournonville,
} *par R. Bonnart.*

G

Vûe de Leuve, *par Ertinger.*

Vûe de la Ville & Fauxbourgs de Salins, 2. planches, ⎫
Vûe de Saint-Laurent de la Roche, ⎪
Vûe de Saint-Laurent de la Roche, du côté du Bourg, ⎪
Vûe du Château Sainte-Anne, en y entrant, ⎬ *par Baudoins.*
Vûe du Château Sainte-Anne, par derrière la montagne, ⎪
Vûe du Château de Joux, ⎪
Vûe de la Ville de Besançon, 2. planches, ⎪
Vûe de la Ville de Gray, 2. planches, ⎭

Vûe de la Ville & Port de Calais, 2. planches, *par R. Bonnart & Baudoins.*
Entrée de la Reine dans Arras, *par R. Bonnart.*
Entrée du Roy dans Dunkerque, 2. planches, *par Hooghe.*
Vûe de la Ville de Béthune, 2. planches, ⎫ *par Baudoins.*
Vûe de la Ville d'Ardres, ⎭
Vûe de Luxembourg, *par N. Bonnart.*
Bataille, dédiée au Duc d'Anguien, ⎫ *par Huchtenburgh.*
Bataille, dédiée au Duc de Chevreuse, ⎭

PAYSAGES,
MORCEAUX D'ETUDES, &c.

Gravez d'après Wandermeulen, *ou provenans de son fonds.*

DIX-HUITIÈME VOLUME.

GRAND Paysage, dédié à M. le Brun, ⎫
Grand Paysage en hauteur, où l'on voit une Chasse au Cerf, ⎪
Grand Paysage en travers, où l'on voit une Chasse au Cerf, ⎬ *par Baudoins.*
Paysage, dédié à M. Jabach, ⎭

Paysage, où l'on voit un Officier, }
Paysage, où l'on voit une Chasse au Loup, } *par Baudoins,*
Paysage, où l'on voit des Chasseurs & une meute de chiens, }
Paysage, où l'on voit des Chasseurs assis, }

Paysage, où l'on voit une marche de Troupes, *par Huchtenburgh.*

Paysage, où l'on voit deux Mulets chargez.

Paysage, où l'on voit un Coche.

Deux Paysages, sur la même demi-feuille, dédiez à Champagne, *par Baudoins.*

Deux Paysages, *idem*, dont un représente des voyageurs repoussez par le vent, &c.

Deux Paysages, *idem*, dont un représente des gens qui passent une rivière, &c.

Six Paysages de même grandeur, imprimez trois à trois sur la même demi-feuille, *par Baudoins.*

Quatre petites Batailles, sur la même demi-feuille, } *par Huchtenburgh.*
Huit petits Paysages ou Sièges, sur la même demi-feuille, }

Six petits Paysages, sur la même demi-feuille, *par Baudoins.*

Huit Sièges de Villes, ovales, *idem*, }
Dix planches représentant des Chevaux, sur cinq demi-feuilles, } *par Huchtenburgh.*

Grand Paysage, où l'on voit un Neptune formant une Fontaine, *inventé & gravé par Genoels.*

Grand Paysage en hauteur, où l'on voit deux hommes sur une terrasse, } *inventez par Génoels,*
Grand Paysage en hauteur, où l'on voit un homme & une femme sur un Perron, } *& gravez par Baudoins.*

Perspective, où l'on voit Apollon & Diane sur des piedestaux, }
Perspective, sur le devant un homme & une femme assis auprès d'un canal, }
Paysage, où sont deux hommes assis, } *inventez & gravez*
Paysage, des hommes dans une Barque, } *par Génoels.*
Six Paysages, deux à deux, sur trois demi-feuilles, }
Six Perspectives, Jardins, &c. sur la même demi-feuille, }

Six petits Paysages, sur une même demi-feuille, *inventez & gravez par Génoels.*

Six Paysages en rond, *idem, 2. gravez d'après Génoels.*

Six petits Paysages, *idem, inventez & gravez par Baudoins.*

Deux planches, *idem,* dont une représente des gens à cheval, & l'autre un Village.

PLANS, PROFILS
ET VÛES DE CAMPS,
PLACES, SIÈGES ET BATAILLES,
Servant à l'Histoire de Louis XIV.

Gravez d'après Beaulieu, par F. Colignon, N. Cochin, G. Perelle, *&c.*

DIX-NEUVIÈME VOLUME.

Année 1643.

ORDRE de la Bataille de Rocroy, 2. planches.
Bataille de Rocroy, 2. planches.
Plan de Thionville.
Profil de Thionville.
Plan de la Ville & Château de Sirck.
Profil de Sirck.
Plan de la Ville & Citadelle de Trin.
Profil de Rottewille.
Prise de trois Vaisseaux Turcs.

1644.

Plan de Gravelines.
Profil de Gravelines.
Campagne du Duc d'Anguien, 2. planches.

Combats

1644.

Combats devant la Ville & Château de Fribourg, 2. planches.
Plan du Fort de Watte.
Profil de Spire.
Plan de la Ville de Saint-Ya.
Profil de la Ville de Worms.
Profil de la Ville de Mayence.
Profil de Landau.
Plan du Siège & reprise d'Aft.
Plan de la Ville & Mole de Tarragone.
Profil de Tarragone.
Plan du Camp de César près d'Arras.
Profil de Creutznach.

PLANS, PROFILS
ET VÛES DE CAMPS,
PLACES, SIÈGES ET BATAILLES,
Servant à l'Histoire de Louis XIV.
Gravez d'après Beaulieu.
VINGTIÈME VOLUME.
Année 1645.

PLAN de la Ville de Roses.
Bataille de Liorens.
Plan du Passage du Rhin.
Plan de la Ville de la Motte.
Profil de la Motte.
Mardick assiégée par l'armée du Roy.
Profil de Mardick.
Plan de la Ville de Rottenbourg.
Profil de Rottenbourg.

1645.

Plan du Fort de Linck.
Ordre de la Bataille de Norlinguen, 2. planches.
Bataille de Norlinguen, 2. planches.
Profil de Norlinguen.
Plan de la Ville de Bourbourg.
Profil de Bourbourg.
Plan de la Ville de Dinckefpuhel.
Plan de la Ville de Montcaffel.
Plan de la Ville & Château de Béthune.
Profil de Béthune.
Profil de la Ville de Lillers.
Plan de la Ville de Saint-Venant.
Profil de Saint-Venant.
Plan de la Ville d'Armentières.
Profil d'Armentières.
Plan de la Ville de Vigévano.
Plan de Menin.
Plan de la Ville & Château de Balaguer.
Profil de Trèves.

PLANS, PROFILS
ET VÛES DE CAMPS,
PLACES, SIÈGES ET BATAILLES,
Servant à l'Hiftoire de Louis XIV.

Gravez d'après Beaulieu.

VINGT-UNIÈME VOLUME.

Année 1646.

Plan de la Ville de Courtray.
Profil de Courtray.

Plan de la Ville de Bergue-Saint-Vinox.
Profil de Bergue-Saint-Vinox.
Plan du Fort Mardick.
Profil du Fort Mardick.
Plan de la Ville de Furnes.
Profil de Furnes.
Plan du Siège de Dunkerque.
Profil de Dunkerque.
Plan de la Ville de Piombine.
Profil de Piombine.
Plan de la Forteresse de Portolongone.
Profil de Portolongone.

1647.

Profil de la Bassée.
Plan de la Ville de Dixmude.
Profil de Dixmude.
Plan du Combat donné entre les Villes de Dixmude & Nieuport.
Plan de la Ville de Lens.
Profil de Lens.
Profil de la Ville & Château d'Ager.
Profil de la Ville de Constantin.

1648.

Plan de la Ville d'Ypres.
Profil d'Ypres.
Plan de la Ville & Château de Tortose.
Profil de Tortose.
Profil de la Ville de Flix.
Armées rangées en bataille près de Lens, 2. planches.
Bataille de Lens, 2. planches.
Profil de la Bataille de Lens.
Furnes, repris sur les Espagnols.

PLANS, PROFILS
ET VÛES DE CAMPS,
PLACES, SIÈGES ET BATAILLES,
Servant à l'Histoire de Louis XIV.

Gravez d'après Beaulieu.

VINGT-DEUXIÈME VOLUME.

Année 1650.

Bataille de Réthel.
Profil de Réthel.
Profil de la Ville de Moufon.

1654.

Plan de la Ville & Citadelle de Stenay.
Profil de Stenay.
Plan du Siège d'Arras.
Plan du Camp des Armées du Roy, pour le secours d'Arras.
Plan des Attaques à la Corne de Guiche d'Arras.
Profil d'Arras.
Profil de la Ville du Quesnoy.
Profil de la Ville de Clermont en Barrois.
Profil de la Ville de Landrecy.

1655.

Plan de la Ville du Cap de Quiers.
Profil du Cap de Quiers.

1656.

Plan de la Ville & du Château de Valence.
Profil de la Capelle.

1657.

1657.

Plan de la Ville de Montmédy.
Profil de Montmédy.

1658.

Bataille des Dunes.
Plan de la Ville & Port de Dunkerque.
Profil de la Ville de Commines.
Carte du Gouvernement de Calais.
Plan de la Ville de Mortare.

1659.

Plan de l'Isle de la Conférence.
L'Isle de la Conférence.
Profil de Fontarabie.
Plan de l'Isle des Faisans.
Profil & vûe de l'Isle de la Conférence, 2. planches.

PLANS, PROFILS
ET VÛES DE CAMPS,
PLACES, SIÈGES ET BATAILLES,

Servant à l'Histoire de Louis XIV.

Gravez d'après Beaulieu.

VINGT-TROISIÈME VOLUME.

Année 1662.

Plan des Villes de Vic, Moyenvic & Marsal.
Profil de Moyenvic.
Profil de Marsal.

1668.

Plan de l'Isle de Candie.
Profil de la Ville de Candie.

1673.

Plan de la Ville & des Attaques de Mastrick.

1674.

Bataille de Sintzheim.
Bataille d'Ensheim.

1676.

Profil de la Ville de Condé.
Profil de la Ville d'Aire.

1677.

Plan de la Bataille de Caffel.
Profil de la Ville de Saint-Omer.

1684.

Attaques de la Ville de Gênes.

1685.

Plan de la Ville de Tripoli.

1688.

Plan du Siège de Philifbourg.
Profil de Philifbourg.

1691.

Plan de la Ville de Mons.

1692.

Plan de la Ville & Citadelle de Namur.
Profil de la Ville de Liège.

1693.

Profil de la Ville de Rofes.
Plan de la Ville de Charleroy.

1694.

Bataille du Ter, 2. planches.
Plan de la Ville & Citadelle de Palamos.
Profil de la Ville de Gironne.

1697.

Plan du Siège d'Ath.
Plan de la Ville de Barcelone, 4. planches.
Profil de Barcelone.

FIN

www.ingramcontent.com/pod-product-compliance
Lightning Source LLC
Chambersburg PA
CBHW071203240526
45470CB00017B/1257